JN079173

尼さん漢方医

——心と身体のお話

春山雅諒

目次

尼さん漢方医心と身体のお話

法華宗本国寺の住職とＡ級国際中医師である私の心の持ち方や、元気に生きるための、お話です。

まえがき

合掌

近頃、私は韓ドラをよく見ます。

ドラマの中で寒い中、彼が優しく彼女にコートをかけてあげるシーンが出てきますよね。

彼女の寒い心や身体を暖めるコートのように、縮こまり、ちょっぴり固く冷たくなった心を優しく柔くほぐし暖める心のコートになれたらと思い、書きました。

お読みになったあなたが、又、誰かに心のコートをかけてくださいますように。

再拝　雅諒

＊心の慣れ。

合掌

初めまして。

第一回目の今日は、心の慣れについてお話ししてみたいと思います。

私は、心の慣れには二種類（良い心の慣れと、悪い心の慣れ）が、有ると思っております。

＊良い心の慣れ

心を強くしていきます。例えば、前にもこんなことは有った、そうだ、こんなことは誰でも経験する事で、なんでもないと、困難を乗り越える力となります。

＊悪い心の慣れ

本当にしなくてはいけないことから、まあいいか、と逃げることで、心がどんどんピュアでなくなり、汚れていきます。

まず、あなたの今日の一日を振り返ってみましょう。

（ここの所、一日を振り返ってみることって有りました？）

そして、自分のできる小さなことから、悪い心の慣れを消してみましょう。

明日は、まず、いつもより晴れやかな心で、おはようございますを言ってみましょう。

　柔らかな心で、ごめんなさいを言ってみましょう。

　今日より、明日が、きれいな心、きれいな魂、きれいな身体でいられますように。

　再拝

　本門八品（ほんもんはっぽん）　上行所伝（じょうぎょうしょでん）　本因下種（ほんにんげしゅ）　南無妙法蓮華経（なむみょうほうれんげきょう）

本国寺　　　　雅諒

＊もう一人の自分。

合掌

第２回目です。

初回よりちゃんと書けず、読みにくくごめんなさい。

なにしろ、メールを始めて１か月くらい、写真もやっと送れほっとしています。まだこんな状態でブログというのも、少し早いとは思うのですが、少しずつ習得していくので見守っていて下さいね。

ところで２回目の今日は、先日、ＡＣミランに入団した本田圭佑選手がなぜＡＣミランに決めたのかと聞かれた時、自分の中のリトル本田が決めたと言ってましたね。

そう、自分の中のもう一人の自分の事です。

私もいつも檀家さんや患者さんにお話しする時、（自分は言ってるようにやっているのか？　自分はどうなんだ、と言う）、心の中に別の私、（ずいぶん厳しい自分）を置いています。
だって、すぐ調子に乗るでしょ！　見張りがいないと。

＊植木鉢の花

人って、植木鉢の花みたいといつも思います。

お日様、風、雨、が無いと枯れてしまうし、過ぎてもダメ。（これって日常生活の環境）

ちゃんと栄養あげないと、花も実も成らない。（日常の食事ですよね）

そして、心を込めてお世話しているかどうか？

結果、その鉢の花は全然別物に！（私にはこれは、人の場合、思いの強さ、心の持ちようと思えます。）

さて、私達信仰を持っている者は、別の私の上に仏様がいらっしゃいます。なぜなら、別の私もその時によって、ずいぶん、自分に都合の良い私になってしまいがちです。

まず、別の自分を自惚れや傲慢な、自分に甘い自分でなく、自分の事を正しく評価できる自分に育てていきましょう。

こんな自分で、天は味方してくださるのか？　守ってくださるのか？

考えてみませんか？

再拝

本門八品（ほんもんはっぽん）　上行所伝（じょうぎょうしょでん）　本因下種（ほんにんげしゅ）　南無妙法蓮華経（なむみょうほうれんげきょう）

本国寺　雅諒

*命を授かるという事。

合掌

実は、今より３時間前、男の子が産まれました！　おめでとうございます。

檀家さんのお子さんで、ずっと毎日安産祈願で拝んでいました。無事産まれ、ほっとしています。

命を授かるという事は

＊１つは、妊娠した時。

＊１つは、この世に産まれた時。

＊１つは、事故や大病を乗り越え、さらなる命を頂いた時。

があると思います。

第３回目の今日は

＊妊娠した時。の事にしましょう。でもこれ以前のことが、もっと大変で、まず今日は、命を授かるまでの事としましょう。

今、この日本で問題の一つになっているのが、子供ができないという事ですよね。

昔と違って今のご夫婦は、子供が欲しいと病院に子供を作りに行かれます。それも大切な一つの方法ですが、私のように仏様にお仕えしている者からすると、子供は仏様からの授かりもの、先祖の生まれ変わりと思えます。

又、漢方医としては、子供が欲しい方は、子供を授かる前に、子供ができ育てていくだけのしっかりした身体を作ることが大事と考えます。

事実、妙壽堂でも、そのようにして、30年の間にたくさんの元気な子供さんが誕生し、その場合、二人、三人とつづけて誕生されています。

さて、私もチーズは好きですが、今、若い女性で異常にチーズや乳製品ばかり偏って食べる人もいるようです。

プロラクチン過剰になり、妊娠に抑制的に働きます。

立派な花を咲かせ実を生らせる為に、土作りをしていくように、何事もすぐ答えを求めるのでなく、本来、何をするべきなのか？　何をしたら良いのか？　考えてみましょう。

まず、自分の食生活はどうなのか、今の食事は、健全な赤ちゃんが授かるのか、正しいのか、安全なのか、見直してみてください。

きっと、地道な努力が、必ず、良い結果を連れてきてくれますよ！

再拝

本門八品（ほんもんはっぽん）　上行所伝（じょうぎょうしょでん）　本因下種（ほんにんげしゅ）　南無妙法蓮華経（なむみょうほうれんげきょう）

本国寺　雅諒

*お寺の華蓮ちゃん。

合掌

今日は華蓮ちゃんを紹介します。

華蓮ちゃんは平成20年10月生まれです。

お寺に平成 21 年1月 11 日(草創上人の正当命日)にやってきまし

た。ちゃんと手を合わせて拝みます。（もちろん私のお手伝いつき）近くにいらしたら、会いにいらしてください。

実はやっと写真を投稿できました。（初心者は、もう、大変！！）

もうすぐ、節分星祭です。節分におさかなの鰯やかぼちゃを食べるのはこの時期は一日でいうと夜中の２時のようなもので、体調も落ちますし、寒いので血栓もつまりやすいです。

自然と昔のひとは身体を守る食べ物を選んでいたのですね。キノコや海藻、魚介類など、また、ナッツとか品目を増やして身体作りをいたしましょう！

身体は、魂の入れ物です。入れ物もちゃんとしないと、魂も安定しません。

寒いので、お身体、大切になさってください。

再拝

本門八品（ほんもんはっぽん）　上行所伝（じょうぎょうしょでん）　本因下種（ほんにんげしゅ）　南無妙法蓮華経（なむみょうほうれんげきょう）

本国寺　　　　雅諒

＊少しでも。

合掌

実は私もすでに還暦越え、でも、九十、百になっても、ちゃんとしたおばあちゃんでいたいのです。

少しでも、美味しいものを食べたい！

少しでも、元気でいたい！

少しでも、綺麗にしていたい！

少しでも、健康でいたい！

少しでも、楽しみたい！

あなた、そう毎日思っていませんか？　私も毎日、いつもそう考えて暮らしています。

でも、あなた、そう思いながら、ファーストフードや、カップラーメン食べて、散らかして、そのまま寝てしまったりしてませんよね？

そうでない事を願いますが、もしそうだとしても大丈夫！

まず、コップに花一輪、テーブルの上に置いてみましょうよ。

すると、ちょっと美味しいものを作ってみたいでしょ！

ちょっと、テーブルの上も拭いてみたりして、ついでに、自分のまわりも片づけたりしちゃって、もう、今！　あなたのお顔は昨日より明るい、ちょっと、綺麗かも？

なんでもない目玉焼きでも、いっしょに舞茸をそえれば、少しだけ健康的、ついでに人参を輪切りにしてのせちゃいましょ！

さあ！　自分のお料理楽しみましょ！！　マヨネーズじゃなくケチャップにして！　色がきれいだもの！！

幸せは、他人がくれるものでなく、自分が作り感じるものです。小さな幸せから作りましょう。速水もこみち君も目玉焼きからです！

そして、こうしていられる今の自分って、沢山の他の人のおかげで、御両親や、ご先祖のだれかのおかげで、こうしていられる事を感謝しましょうよ！　さあ！　明日何からはじめましょ！！

再拝

本門八品（ほんもんはっぽん）　上行所伝（じょうぎょうしょでん）　本因下種（ほんにんげしゅ）　南無妙法蓮華経（なむみょうほうれんげきょう）

本国寺　雅諒

＊花さかおばさん。

合掌

声優永井一郎さん（サザエさんのお父さんの声の方）が、先日亡くなりました。

永井さんはその声で沢山の人の心に、花を咲かせました。

実は私、現代の花さかおばさんを目指したいのです。

小さな花でも、中輪でも、地味でも、派手でなくてもいいんです。誰かの心に、花を咲かせたい。

仏様はちゃんと見ていて下さるから。

ところで、あなたは何で花を咲かせますか？

いいことなら、何でもいいんです。

きっと、誰かの花を咲かせられるから。

誰かの花をさかせる花さかお兄さん、お姉さんを、あなたも目指してみましょう。

　きっとなれます。

　だって、ちっちゃな、ちっちゃな花でいいんですから！

　そして、気づいたら、自分の花もさかせているんです……！

　再拝

　本門八品（ほんもんはっぽん）　上行所伝（じょうぎょうしょでん）　本因下種（ほんにんげしゅ）　南無妙法蓮華経（なむみょうほうれんげきょう）

本国寺　　　　雅諒

＊ピンの上のあなた？

＊幸せ運ぶ華蓮ちゃん。

合掌

おかえりなさい。今日もお疲れ様でしたね……。

さあ、今からは、あなただけの時間心のしわをのばし、身体のゆがみをのばし、リラックスしましょう！

さあて、ゆっくりしたところで、今日のあなたの一日を自己チェックしてみましょうね。

まさか、あなた、ピンの上のあなたになってないでしょうね？

このブログを読んでくれているあなたは、きっとそうじゃないと信じています。

ピンの上の人って……つまり、自己中、です。

人の生き方には、大きく、二つあるとおもいます。

＊ピンの上の人……

何事も計算して自分の損になることはしない、そしていつの間のか、自分のまわりはどんどん土や花が無くなり、孤独な細いピンの上に……何かあると倒れてしまう！

＊花畑の人……

何か自分が他人のため役に立つ事はないかと、他人の事を考え、してあげられる人……でもいつか、自分が花畑の中にいる人。

日隆聖人は、一生を世の為、人の為と生きられました。

私も遠く及ばないなりに、又、妙法に連なるものとして、少なくとも、明日は、ピンの人にならぬよう、そして、最後は、花畑の中で花を眺める人になりたいものです。

あなたの明日が、未来の花畑の中の人でありますように！！　本国寺よりお祈りいたしております。

再拝

本門八品（ほんもんはっぽん）　上行所伝（じょうぎょうしょでん）　本因下種（ほんにんげしゅ）　南無妙法蓮華経（なむみょうほうれんげきょう）

本国寺　　　　雅諒

*命を送ること。

合掌

日本という国は、本来、命や魂を大切にする国でした。

考えても見てください。　他の国に、日本のように霊を大切に尊ぶ国があるでしょうか？

大事な人が亡くなり、お通夜、お葬式、初七日、二七日、三七日、四七日、五七日、六七日、四十九日（満中陰）百か日、毎月命日、年忌、(私の檀家さんは、毎月ご先祖供養されます。) その後も、月命日、正当命日と亡くなった方を偲び、魂を尊ぶのです。

近頃は、お葬式もしなかったり、ずいぶん、変わってはきましたが、形式的なものととらえず、日本人が、ずっと大切にしてきた、命を送ること……つまり亡くなった方への感謝、それに続く先祖を供養するという先祖にたいする感謝は、結局は、今、ここにいる命……自分自身を大切にすること……であると思うのです。

再拝

ほんもんはっぽん　じょうぎょうしょでん　ほんにんげしゅ　なむみょうほうれんげきょう
本門八品　上行所伝　本因下種　南無妙法蓮華経

本国寺　雅諒

＊心を養う食べ物。

合掌

とりのムネ肉に疲労を取る物質、イミダペプチド、が有ることは、近頃知られています。

さらに、プラズマローゲン……脳の疲労を取るリン脂質……が新たに見つかりました！！

不眠、うつ、物忘れにも良いそうです。

紅鮭、エビ、とさか（紅い海藻）……アスタキサンチン……身体をさびさせない。

青魚やマグロ、鮭など……EPA、DHA……血をサラサラに。

アーモンド、クルミ、ナッツ類、大豆、ゴマ……脳に良い不飽和脂肪酸、イソフラボン、ビタミンE……アルツハイマー、老化の予防。

イカ、タコ、牡蠣、ホタテ……タウリン、ミネラル……免疫をあげ

たり、代謝に必要。(チベットではタウリンが少ないので寿命が短いそうです)
緑黄色野菜、緑茶……葉酸、ベータカロテン、ビタミン……免疫、血にも必要。
舞茸、しめじ、干しいたけ、きくらげ（きくらげのほうがビタミンDが10倍多い）……免疫をあげ、食物繊維、アミノ酸も多い。
食べ物の偏りが、病気もつくりますが、病気に応じて、正しく食べ物を選択することによっても、改善も、予防もできるのです！
そして、そして、なにより大切なことは、大事な調味料……感謝！まごころ！……ですよね！！

＊心を養う食べ物

＋としまして、

＊鳥の胸肉や、ささみを、サランラップに薄く塩(岩塩)をして、電子レンジでちゃんと火が通るようチンします！
そのまま冷蔵庫で冷やし、
１、サラダチキンとして、サラダなどに切ってお使いください、とっても便利！！
２、そのまま切って、チキンハムのように食べてもGOOD！！
私の料理本にあるドッレッシング（エキストラバージンオリーブオイル、すりごま、ハーブ塩、減塩醤油、無添加鰹節だし）をかけると、とっても美味しい一品料理になります。

お酒のつまみにもいいですね！！

＊鳥の胸肉にハーブ塩、減塩醬油、無添加かつおだしをかけ、オーブントースターで焼きます、

少し大きめに切りじっくり焼くとパサつかず、ジューシーでとっても美味しい、熱々のうちにお召し上がりください！

フランスパンに、はさんでサンドいいですよ！

上手に食べて、脳や、記憶や、疲労に良いプラズマローゲン、イミダペプチドを取り入れ、うつや物忘れ、不眠、疲れに対処しましょう！！！

再拝

本門八品（ほんもんはっぽん）　上行所伝（じょうぎょうしょでん）　本因下種（ほんにんげしゅ）　南無妙法蓮華経（なむみょうほうれんげきょう）

本国寺　　　　雅諒

＊もったいない人。

合掌

近頃の若い女性は、ずい分、おしゃれで、若いママも綺麗にお化粧して、とても良いことだと思います。

そんな若いきれいな人達とお話していて、とにかく思う事があります。

ほんのちょっと自分たちのことを、否定されようものなら、キリキリと目に剣が！！

もったいな〜い！！

でも、彼女たちは、決して心がピュアじゃないわけではないのです。むしろ、ピュアなのでしょう。でも、もったないとんがり屋さんなのです。自分の事を言われて、とんがるのは、自分の欠点を知っているから。

じゃあ、とんがらないで、なおしてしまいましょうよ！！

まつげを綺麗にするのに込める力を、心を柔らかくするのに使ってみませんか？

心も優しく柔らかく、内からも、外からも美しい人になってみせましょう。

男の人も同じですよ。

小さい事をいちいちうるさく言うより、思いやりを持って見守る、心の大きな男になってもらえたらすてき！！

もったいなくない人に、あなたも、私も、なってみせましょう！！

再拝

本門八品（ほんもんはっぽん）　上行所伝（じょうぎょうしょでん）　本因下種（ほんにんげしゅ）　南無妙法蓮華経（なむみょうほうれんげきょう）

本国寺　　　　雅諒

＊信じるということ。

合掌

信じるという事は、程度の差はあれとても難しいことです。

仕事や契約など、信じるには根拠や裏付けが必要ですよね。

でも、愛の場合、本来は根拠も裏付けもいらないのかもしれません。だって、本当の愛は、自分の為でなく、相手の幸せを思うことですから。

近頃は、独占欲を愛と勘違いしたり、愛されることだけを愛と思う人も多いですね。

もう一つあります。

仏様を信じること……信仰です。

でも、仏様は、裏切られないので、これ程、安心な信じることはありません。

私も、六十二年近い人生の中で、確かに答えをもらってきました。

でも、どの信じることも、すぐには答えは出ないと思います。

どの場合でも、愛、誠実さや、正直さを、互いの間で築き上げていくものの大きさが、信じる度合いにつながる気がします。

どの場合でも、手抜きは……ダメ、ダメです！！

再拝

本門八品（ほんもんはっぽん）　上行所伝（じょうぎょうしょでん）　本因下種（ほんにんげしゅ）　南無妙法蓮華経（なむみょうほうれんげきょう）

本国寺　　　　雅諒

＊働くということ。

合掌

華蓮ちゃんのかわいいおしりです。やっと撮れました。

働くということは、

まず、

第一に……生計の基本

第二に……自己表現

第三に……人間関係　　　　　　　　　と思います。

どれも疲れる、きつい、辛い。

給料に不満で、仕事がイヤで、まだ力不足で、人間関係にも悩みながら、毎日、働いていらっしゃる方々も、きっと、沢山、いらっしゃることでしょう。

でもどれも、一つ一つ、一日一日、心を込めて、誠実に仕事をしていけば、自分自身、得られるものがあり、又、他よりも、正しい評価も、仕事上も、人としても得られます、そこから、夢や、希望も生まれ、喜びや、楽しみも、湧きます。

私が、働き始めたころ、ラジオで、あるお婆さんが、働くことの本当の意味は……はた（まわり）を楽にすることなんだよ、と話していました。

私なりに、その時、働くという意味を、その前と少し違う意味で考えるようになりました。そうしたら、何か、ずいぶん、肩の力を抜いて、自然体で、何か、働くことをとおして、(誰かのために)、自分にできることを少しでもしようと、思える気がしました。

心を柔らかくして、心の窓口を大きくして、時間はいっぱいあります、とにかく、できるところから、自分を活かして、はたを、楽に、してみましょう！！

そこから、生計、自己表現、人間関係……それぞれの花も咲きそうです……そう、思いませんか？

再拝

本門八品（ほんもんはっぽん）　上行所伝（じょうぎょうしょでん）　本因下種（ほんにんげしゅ）　南無妙法蓮華経（なむみょうほうれんげきょう）

本国寺　　　　雅諒

＊心を養うのみもの。

合掌

日本という国は不思議な国です。

緑茶の原産国は、中国です。なのに、茶道のように、世界中から、お茶の国として、認められているのは、日本です。

お茶という素材を日本人のこだわりや、感性により、茶道としても花をさかせました。

ですが、今の日本はどうでしょう？　ちゃんと、朝からお茶を入れてのむ家族がどのくらい有るでしょう？

ペットボトルのお茶じゃ、だめなんです！！

あの、入れたての香り、味わいに、くつろぎや安らぎが生まれるのです！！

日本人がお茶をちゃんと、入れてのまなくなってから、大きく、大切なものが失われた気がします。

緑茶が、心を養うのみものであるのは、茶道にも表れていますが、何より

＊緑色であること。……身体を還元する……抗酸化作用があります。

＊入れてのむ時の手間、こだわり、香り。……心、精神、脳への作用……ゆとり。

＊成分による働き。……カテキン、テアニン、フラボノイド、ビタミンC、亜鉛、葉酸……お茶の産地に、インフルエンザ、がんが少ない。

＊認知症の予防……緑茶は、医師も認める、唯一認知症の予防になる飲み物です。

＊砂糖などを加えないで飲むこと。……このことは大きい……糖尿病の下地にならない。

きれいな女性には、お家に帰っても、やはり、優雅に、お茶をいれて、たおやか、であってほしい。

煎茶に少し抹茶を加えて、入れて飲むと、そんなに難しくなく、おいしいお茶を入れられますよ！

子供さんの多い家族は、玄米茶もおいしいです。ミネラルいっぱいです！

コーヒー党の方も、一日一杯でも、ぜひ、ぜひ、お試しください。

又、コーヒーとは、違った、味わいと、忘れていた何かを思い出されることでしょう。

どうぞ、近くにいらしたら、ぜひ、是非、お立ち寄りください……
美味しいお茶を、一服差し上げたいと思います。

再拝

本門八品(ほんもんはっぽん)　上行所伝(じょうぎょうしょでん)　本因下種(ほんにんげしゅ)　南無妙法蓮華経(なむみょうほうれんげきょう)

本国寺　　　　雅諒

＊珍珠。

八重桜。フリージア。木香ばら。

南国は花の季節です。

合掌

珍珠とは、真珠のことです。

皆さんも、子供の夜泣きに、ヒヤキオーガンとか、御存じでしょう。中に入ってます。

＊真珠は、安神定驚、清熱解毒、収斂生肌。

いわゆる漢方の精神安定剤です。

他にも

＊胃酸の中和。

＊抗ヒスタミン作用。

＊抗アナキフラシー作用。

＊皮膚では、黄色ブドウ球菌に、抑制作用。

精神的ストレスからの、胃潰瘍や、血圧にも、私は使います。じんましん、アトピーなどにも使います。

化粧水に入れても、美肌にいいんです。

ところで、漢方（(中医学)）では、健康状態を示す……陰平陽秘（いんぺいようひ）……という言葉があります。

たとえるなら、車のエンジンが、順調に廻って、冷却もうまく行って走行しているような感じでしょうか。

又、副交感神経と、交感神経が正しく、バランス良く働いている状態とも言えます。

真珠は陰虚といって、冷やす能力が落ち、陽が暴走しているようなのに使い、冷やす能力を、補って、陽の行き過ぎを抑えます。

今、ドライアイ、ドライマウスとかよく聞きますよね。……漢方では、陰虚と考えます。

近頃は、身体の方だけでなく、心の方も、陰平陽秘のようにいかない人が多いですね。

私も、こころがけて、情熱と理性が調和した……陰平陽秘な人……になりたいと思います。

再拝

本門八品（ほんもんはっぽん）　上行所伝（じょうぎょうしょでん）　本因下種（ほんにんげしゅ）　南無妙法蓮華経（なむみょうほうれんげきょう）

本国寺　　　　雅諒

＊うつということ。

桜欄です。咲いた後の、花がらから、又、花が咲きます。

合掌

うつってどういうことでしょう？

一私見として、うつとは、真面目すぎる人が、あまりに考えすぎ、脳が、心が、疲れ果てた状態とも思えます。

今の日本は、そういう人が、多いと思います。

漢方でいうと、気虚でしょうか。

つまり、

元気がない、勇気がない、やる気がないという、気持ちが、虚している状態です。

又、又、一私見として、心の持ち方や、信仰、食事や、環境を整えることにより、その状態を脱するきっかけになる人もいると思うのです。

又、治療中の人も、大いに改善する手助けになると思います。

先日、テレビでも、医師による、考え方を変えるセミナーというのが、公開されていました。

薬だけで、解決する問題ではないと、先生方も考えていらっしゃるのですね。

実際、以前、そういう男の方が相談にいらして、飲み物は、缶コーヒーばかり、インスタントラーメン、菓子パン、そんなものばかりが、ほとんどでした。

が、彼は、本来は、働き者で、頑張り屋さんでした。

そして、食事や、心の持ち方を、変えていくことで、とても、明るくなられ、元気も、やる気も出てこられました。

全てが、そう、簡単にいくとは、私も思っていませんが、ぜひ、ちゃんとした食事や、生活の仕方、心の持ち方、天の存在も、考えてほしいのです。

又、皆さんも、より心身共に、健全に暮らせるよう、お食事からでも、ちゃんと、心や、精神を支える食品を取っているか、見直してみてくださいね。

そして、いつも、どこからか、仏様や、神様、ご先祖様が、見守っていて下さることも、忘れないでください……！！

再拝

本門八品（ほんもんはっぽん）　上行所伝（じょうぎょうしょでん）　本因下種（ほんにんげしゅ）　南無妙法蓮華経（なむみょうほうれんげきょう）

本国寺　　　　雅諒

*安易であること。

庭の木香ばらです。これから、沢山のいろいろなバラが咲きます。

合掌

先週、韓国で、大変な事故が起きました。沢山の命が失われ、心が痛みます。

この事故も、私から見ると、会社が、船長が、乗組員が、いろいろのシステムが、もっときちんと厳しく行われていたら、とにかく、もっと、安易でなかったら、起こっていなかったかもしれません。

安易になることと、本来、選ぶべき、するべき事には、何の違いが有るのでしょう？

そこに有るのはやはり、大きく一番には……人間の心の弱さ、甘さでしょうか。

悪魔がニャッと笑って楽したら？

そこまでやるの？

お前がしなくてもいいんじゃないの？　と心弱く、優しく、気弱な、自分に優しいあなたにささやきかけます。

はたして、他人に迷惑をかけない安易さならいいんでしょうか？

たぶん、いいのでしょう。

でも、その安易さによって、結局、一番損をするのは、自分なのではないでしょうか？

人生で、大きく後悔しないためには、やはり、悪魔じゃなく、仏様や神様に、頼りたいですよね！

そして、仏様や神様に、正しく生きる勇気を頂く方を選びたいですね。

そして、正しく頑張った後には……笑顔が！安心が！幸せ！……が、きっと、待っていると思うのです……！！

再拝

本門八品(ほんもんはっぽん)　上行所伝(じょうぎょうしょでん)　本因下種(ほんにんげしゅ)　南無妙法蓮華経(なむみょうほうれんげきょう)

本国寺　　　　雅諒

＊玉子を食べること。

合掌

私、今日、テレビ見てて嬉しくなっちゃいました。

テレビで、ある医師が、玉子を一日５個食べなさいと言っていました。

私は、以前より、玉子は一日３個以上食べていいと言ってました。

(私は、多い日は、５個以上食べます。)

それは、玉子ってすごいんです！

まず、

第一に、必須アミノ酸のかたまりです。
（必須アミノ酸は身体に必要で、自分で作れないアミノ酸なのです。）

第二に、卵黄レシチンが大事。
（レシチンは、卵黄と、大豆に多く含まれる、脳が必要とする成分です。）

第三に、ビオチンなど、粘膜を作る成分が多い。
という事は、玉子肌！！
粘膜ができるという事は、眼、口の中、胃腸の、修復と免疫ＵＰ！！

第四に、良いコレステロールが有る。

皆さん、コレステロールが、身体にいけないものと思っていませんか？
マチガイです！！
もちろん、悪玉は、ダメですよ。
でも、玉子のコレステロールは、イカ、タコ、などに有る、良いコレステロールです。

コレステロールって何でしょう？

（コレステロールは、細胞の栄養です。）

ホルモンはコレステロールから作られるって知ってました？

つまり、良いコレステロールを取らないと、老化してしまいます。

良いコレステロールが低いと、早死にするとも言われています。……だって、細胞の栄養ですもんね！

値、180より、230の人の方が、がんも少なく、長生きとも言われています。

コレステロールを下げるお薬は、残念ながら、良いのも悪いのも下げるのです。ですから、数値的には下がるけど、良いのも減るので、老化が進み、すぐ、ひざが悪くなったり、血管が弱ります。

悪玉コレステロールだけ下げることのみ考えましょう！……それには、動物性脂肪をとらない事！

だから、目玉焼きは、オリーブオイルや、ゴマ油で……ちなみに、私は、油無しです。

それから、植物性コレステロールもお忘れなく！！

オリーブとか、大豆……良いコレステロールが、あくの有る植物は……悪いほうのコレステロールが多いので、ご用心……！

この時期、あくものが多いので（筍、つわ、わらび、ふきなど）、ご注意ください。

脳梗塞、アトピー、がんの方など、私の患者さんには、食べないでもらっています。頭痛の方も気を付けてくださいね。

玉子はとても安くて身近な食品です。

新しい情報として、ツバメの巣に入っている、「シアル酸」という成分が、玉子２個で中華料理で一皿食べるほどとれるそうです、すごい！！

年齢とともに落ちる免疫のアンテナの感度を良くして、免疫細胞を活性化するそうです！　----->玉子食べましょう！！！

子供も玉子や、納豆で、賢く育てましょう。

ちなみに、納豆は、消化率 100%、ナットウキナーゼが、免疫アップ！　血栓を取り、血をサラサラに！

ビタミンKが血管を出血しないように守る働きも！

玉子と納豆の朝ごはん、強力タッグですね。……これに、焼きのり、すりごま、ちりめんじゃこ。

玉子ごはん最高！！……私は玄米です。

プラスわかめやあおさのり、とうふ、キノコ……春菊などの、お味噌汁。

これで、朝、10 品目以上とれちゃいます。

こうしてみると、食養って、そう、難しくはありません。

身近にできることから始めて、元気な良い身体をつくりましょう！！

長くなって、ごめんなさい！！

再拝

本門八品(ほんもんはっぽん)　上行所伝(じょうぎょうしょでん)　本因下種(ほんにんげしゅ)　南無妙法蓮華経(なむみょうほうれんげきょう)

本国寺　　　　雅諒

＊親子の絆という事。

合掌

近頃、ＤＮＡ鑑定とか、いろいろ騒いでいますが……。

先日、東京で、震度５の地震があった時、私の父の事を思い出しました。

私が小学生の時、宮崎にいて、その時も、震度５の地震がありました。

夜中、バラバラと土壁が落ちる中、父が、母や、私と妹の上に、ふとんをぱっとかぶせて、上からおおいかぶさり、守ってくれました。お父さんってすごいと、思ったものです。

又、もう亡くなって、28年もなりますが、今でも、おんぶして、夕焼け小焼けを唄ってくれたことや、無精ひげで、頬ずりして、ひげが痛くて、顔を手で突っ張ったことを、思い出します。

又、高校生の時、伯父が、女は大学に行かなくていいと、大学進学を反対した時、父は、本当に自分が望む夢があるなら、お父さんは、お前を信じるよって言って、大学を受けさせてくれました。

今の私が有るのも父のおかげです。

母は、私の全身皮膚病の時も、ずっと支え、見守り、沢山の事を教え導いてくれました。

絆というのは……形のあるものばかりではないと思います。

もうすぐ、父が亡くなり28年、母が亡くなり5年です。

年数がたつにつれ、父の大きさ、母のありがたさを感じます。

きっと、心配もしているでしょう。

あきれてもいるでしょう。

でも……褒めてもくれている……とも思います。

これから、少しでも多く、褒めてもらえるよう、地道に頑張ろうと思います。

父や母、祖父母の、月命日が来るたびに、毎朝、夕、御供養をするたびに、より、絆が強くなっているように感じます。より、守りが強くなっているように感じます。

これからも、ご供養を通して、今あることの感謝をささげ……心の真をささげ、いつまでも、つながり続けていきたいと、思います……。

再拝

本門八品(ほんもんはっぽん)　上行所伝(じょうぎょうしょでん)　本因下種(ほんいんげしゅ)　南無妙法蓮華経(なむみょうほうれんげきょう)

本国寺　　雅諒

＊酵素ということ。

一昨日の、妙壽堂のみんなに、お昼に作ったピザです。無農薬の小麦粉で生地を作り、ハーブどりのムネ肉のミンチと、有機のトマトピューレを煮てソースをつくり、上に、無農薬のたまねぎ、とまと、きぬさや、スナップえんどう、舞茸、大根葉、チーズ、オリーブオイル、

岩塩やハーブの調味料、かつおだし、もちろん、全部、無添加、無農薬のもので作りました。ちょっと、のせすぎです！！　美味しかったです！！

合掌

最近、世の中、酵素ばやりですね。

事実、酵素は、ビタミンや、ミネラル、その他の栄養素も大切ですが、今まで、見過ごされてきました。

見過ごされた結果、日本中、酵素を殺すようなものにあふれています。

農薬、殺虫剤、薬剤、食品、缶、ペットボトルの飲み物に含まれる保存料や、添加物など、日常に、多量の酵素を、殺してしまっているのです。

今や、日本は、がん大国、になってしまいました。

妙壽堂を始めた、30年前は、死因の五位でした。

そして、その頃、ニュースステーションの、がん特集で、医学の進歩で、10年後には、がんで死ぬ人はいなくなるんじゃないかと、言っていましたが、なんと、30年後の、今や、死因の、一位です。

私は、この事にも、酵素をダメにしてきたことも、大きく、関係が有るのでは……？　と考えています。

又、アトピーが急速に出てきたのは、昭和 28 年に食品に保存料が許可されてからです。

今、いろいろな酵素が欠損した結果の難病も、増えつづけているという事実があります。

私が漢方を始めたのも、身体を傷つけずに、(酵素も傷つけずに)、元気にする事はできないか……という事からでした。

では、酵素はどんな働きをしているのでしょう？

簡単な言い方をすると、人や細胞が、生きて行くうえで、代謝や変換（生理反応）していくときに、必要なものであり、又、触媒のような役をすると考えてください。

私も大学で、生化学などで、ＡＴＰ回路（細胞の中でおこる基礎の反応）……クエン酸……。コハク酸……等々の酵素の名前を覚えたものです。

薬物も、身体の中の、いろいろの酵素の反応（働き）によって、無毒化され、排泄されるのです。

植物や、味噌、醤油、納豆などにも、酵素が有り、古来、人の生活にも、大きく役立ってきました。

味噌を煮立てないのも、酵素をダメにしない昔の人の知恵なのに、以前は、よく味噌にも、防腐剤が入ってました。

現代の私達は、現代の科学も上手に利用しながらも、単なる便利さや、目先の事だけにとらわれず、先人の知恵も大切にして、生きるもの全てに、本当に良いものかどうなのか、身近なところに立ち返り……考えてみる必要が有る、気がいたします……。

再拝

本門八品（ほんもんはっぽん）　上行所伝（じょうぎょうしょでん）　本因下種（ほんにんげしゅ）　南無妙法蓮華経（なむみょうほうれんげきょう）

本国寺　　雅諒

＊漢方薬の王様（((牛黄)))。

合掌

あなたは、治す方法もはっきりしない重い病気をしたことが有りますか？

あなたは、人前に出られないほどひどい皮膚病をしたことが有りますか？

あなたは、がんになったことが有りますか？

実は、私はどれもしたことが有ります。

もちろん、治るのには、決して簡単でも、すぐでもありませんでした。

長くもかかりましたし、大変でした……でも、今、私は、この大変な病気ではありません。

もちろん、良いと思われる漢方薬やサプリも、試せるだけ試しました……おかげで、薬の効能も、身をもって教えてもらった気がします。

病状や、食事のノートを毎日つけ、食事も見直し、悪化した時の原因や、いけない食物を探しました。

＊病気を知り、又、なった原因を知り、

＊自分の状態を知り、

＊安全な食事や、安全な薬を、正しく選択し、正しく生きる、

それが、私の、今の妙壽堂の方針でもあります。

とにかく、今は、だれからも、元気ですね！　と言われるようになったのです。

私にとっても、妙壽堂にとっても、これまでの30年の中での、「牛黄」の役割は、本当に、王様のようでした。

私が初めて読んだ中医の教科書には……動物生薬は、有情の薬、(木の根や葉でできている生薬と違い)、その効き目は計り知れない、その効き目は、妙法（法華経）のごとし、とありました。

「牛黄」の効き方は不思議で、

高熱の時にも……低体温でレベルが落ちているときにも、

高血圧にも……低血圧にも、

鎮静作用も……気分を明るく元気にも、

不眠にも……だるく眠気のある時、目や頭がはっきりする、

つまり、どちらに、異常でも、正しいところにもどそうとする、正常化作用なのです。

又、ステロイドのように、炎症を抑えるため免疫を下げたりせず……解毒して消炎します。

抗けいれん薬のように、しびれたりだるくなったりせず……けいれんを良くします。

例をあげれば、きりがありませんが、肺気胸、肺炎、C型（A、B型も）肝炎、帯状疱疹、白血病、肺がん、子宮がん、脳腫瘍、心臓病、その他、30年の間には、沢山の、沢山の方に元気になって喜んでいただいてきました。

では、どんな「牛黄」でもいいかというと……違います。

良質の「牛黄」は、豪州産と言われており、その次が南米産です……でもその中にもそれぞれランクが有り、大きな差が有ります。

中国の「牛黄」は、水牛で、取れないので、ほとんどが、合成牛黄です。(近頃、中国の輸入量がとても増え、それも、値上がりの原因となっています。) インドも、水牛で、日本のは、配合飼料を食べさせているので、薬として使えません。

他にも、効き目をそのまま出すための、いろいろな条件があります。

その結果、良い「牛黄」と、そうでない「牛黄」とでは、十倍も、二十倍も違ってくるのです。

もちろん、「牛黄」だけでしてきたわけではありません……が、「牛黄」は、私と、私の患者さんにとっては、奇跡を起こせる薬であり、やっぱり……（(王様の薬)）……なのです！！

再拝

本門八品（ほんもんはっぽん）　上行所伝（じょうぎょうしょでん）　本因下種（ほんにんげしゅ）　南無妙法蓮華経（なむみょうほうれんげきょう）

本国寺　　　　雅諒

＊命を守る心。

合掌

命を守る心って何でしょう？

今日の新聞で、とても悲しく、残念で、憤りを覚える記事を読みました。

皆さんも、マイケル・ジャクソンが死に至った、「プロポフォール」という薬の名前を聞いたことが有るかもしれません。

それがなんと、小さい子供たちに、それも、病気で苦しみ、生きるか死ぬかのＩＣＵ（集中治療室）の０歳児からの 69 名もの子供たちに、有名な大学病院の何名もの麻酔医よって投与され、ついに今年２月……２歳の男の子が、良性のリンパ管腫の手術後に、大人の約２.５倍の量を投与され、循環器不全で亡くなってしまったのです。

（大人 60 キロ、２歳 15 キロとすると、この男の子にとっては、約

10倍もの量にもなるのです。）

この薬はＩＣＵへの小児への使用は、禁忌とされているにもかかわらずです。

では、なぜ、禁止されているのに使われたのでしょう？

本当は、薬の使用目的の範囲を広げるためだったのでしょうか？

（製薬会社から頼まれたのでしょうか？）

病院側では、習慣的に使われてきたと言っていますが、それでは、説明できない多い量と期間です。

麻酔薬は術中に使われるものです。

でも、この子供たちには、禁止されているＩＣＵで、術後に使われたのです。

ましてこの２歳の男の子は、簡単とも思える術後に、４日間にわたり、手術中より多い、彼にとって約10倍量が投与されたのです。

鎮静剤として使用するには、あまりに多い量です。

２歳の子に麻酔薬を４日間も投与しつずける、どんな必要性があるのでしょう？

（やはり、使用範囲を、ＩＣＵの子供に使えるようにするためのデータが欲しかったのでしょうか？）

（これって、人体実験、でしょうか？）

どうして自分たちを信じて命を預けた子供たちに、こんな事ができるのでしょう？

懸命に手術をした先生の努力はどうなるのでしょう？

（残念ながら、今の大病院は、担当が分化しているのです、この子の病気は軽く、危ないはずがないので、この先生も不審に思い、告発する立場にたたれたのでしょう。）

この男の子の親御さんの気持ちを思うと……悲しくて、悲しくて、涙が止まりません。

投与した麻酔科部長や、他の麻酔医の先生方に、聞きたい！！

どうして、医師になったのですか？

医師になった時の、初心はどうだったのですか？

自分のしたい事のために……人の命を、小さな子供の命を、ましてその人たちの助けを必要としている人たちの命を、もてあそばないで欲しい。

その子が、あなたの子だったら？

自分の子どもに、同じ事ができましたか？

命を守る心って何でしょう？

医療にかかわる仕事の者は……私のように端っこにいる者でも先生でも……皆持っていないといけない心じゃないでしょうか？

それは、少しでも、患者さんが良くなるため

それは、少しでも、患者さんの命を助けるため

それは、少しでも、患者さんの命を危険にさせないため

そのために、どんな時でも、できる限りの努力を持って尽くすべき、人の命を助ける仕事をしている自覚（するんだという覚悟）、人としての良心……だと思います。

まして、先生方のように、直接、命を預かっていらっしゃる方たちには、絶対に、欠けてはいけない心……だと思います。

再拝

本門八品(ほんもんはっぽん)　上行所伝(じょうぎょうしょでん)　本因下種(ほんにんげしゅ)　南無妙法蓮華経(なむみょうほうれんげきょう)

本国寺　雅諒

＊夫婦であること。

合掌

入籍したら、夫婦でしょうか？

以前、結婚式の時の、スピーチで、これから、若い二人は、家（一家）を作っていくわけですが、日蓮聖人は、男は柱のごとし、女は桁のごとし、とおっしゃっております。

でも、柱と桁だけでは、家とはいえません。

＊家には、屋根が必要です……屋根は、仏様、ご先祖様なのです。

（そうです。私達は、仏様、ご先祖に守られているのです。）

＊家には、壁が必要です……壁は、親兄弟、親戚です。

（そうです。私達は、親兄弟、親戚に支えられているのです。）

＊家には、床が必要です……床は、同僚やお友達です。

（そうです。私達、同僚や、お友達に支えられているのです。）

家をしっかりと作り、守っていく為には、仏様を信じ、ご先祖をご供養し、仏様やご先祖からの守りを強くしていくことが、立派なしっかりした屋根を作ることです。

親兄弟や親戚を、大切にし、尊重していくことが、家や、家族を守る、しっかりした壁を作っていくことです。

仕事やいろいろの同僚や、お友達を、大切にすることは、しっかり家族を支える日常生活の基礎です。というようなお話をしました。

結婚したばかりの二人が、しっかりとした本当の家族、一家を成していくには、二人を大事にし、そして　、天や、まわりを、大切にすることが大事です。

又、日蓮聖人は、夫婦で、お酒を酌み交わしながら、法華経を唱えたまえ、と、おっしゃっています。

人生の障害や思いどうりに行かないことも、仏様やご先祖をご供養して、お守りをいただけると、意外とうまく行くものです。

確かに、夫婦は、夫と妻と二人で、二人が仲良く互いに大切に尊重しあうことが、大事です。

でも、裸で生きて行けないように、周りを大切に、天や世の中にも、目を向けることにより天や世の中から見守られ、本当の夫婦となり、一家を成し、そして、社会を支える存在となるのでしょう！！……きっと！！

再拝

本門八品（ほんもんはっぽん）　上行所伝（じょうぎょうしょでん）　本因下種（ほんにんげしゅ）　南無妙法蓮華経（なむみょうほうれんげきょう）

本国寺　　　　雅諒

*食べ物と身体の関係。

合掌

これって、私のもっとも？　得意とするところです。

以前、人って、植木鉢の花のようなものだと、書いたことが有りました。

同じ花の苗を

A……水、あるいは化学物質の入った水ばかりで育てる。

B……栄養バランスのとれた有機肥料をきちんとあげて育てる。

どちらが、綺麗な良い花が咲きますか？

人も同じです。

あなたの食生活は、どちらの苗の方ですか？

ずいぶん昔ですが、いつも、チラシとかを焼いた灰を、家の花壇にまいていました。　チラシのインクの PCB のせいか、そこに有った、マーガレットのような花が、何か月かすると、奇形の花や葉になり、花も、一つの茎から三つ合体した、グロテスクな花がついたりして、土を正常にするのに、汚染された土を除き、有機の土や、腐葉土を何度も入れ替えて、本当に大変でした。

ところで、皆さんは、クローン病という、胃から十二指腸にかけて、潰瘍が沢山出来る病気を知っていますか？

この病気は以前、日本にはない病気でした。

ファーストフードや、マーガリンのような、水素添加物の油が、原因ともいわれています。

ファーストフードやマーガリンの油は、水素が添加されていることにより、沢山揚げても、一見、サラッとしているので、天然の油のように、すぐダメにならないのです。が、人には、こういう油を分解する酵素が無いので、大きい分子が、粘膜を傷つけてしまうのです。

又、実験で、遺伝子組み換えの菜の花に、ミツバチが花粉を食べにいくと、皆、死んでしまいます。別の、実験でも、マウスに、多く腫瘍が発生するのもわかっています。

アトピーの患者さんや皮膚病の患者さんに、野菜や、食べるものを、できる限り、無農薬や有機や、無添加の物に変えてもらうと、実際に、漢方薬も使いますが、出にくくなり、良く治ります。

治療中、知らないで、添加物の多いものを食べると、ワッと吹き出たりもします。

乳がんも、大豆製品を、多く取る日本人と欧米人には、有意に差が有るといわれていました、が、今や、日本も、食事の欧米化で、多くなってしまいました。

同じように、大腸がんが増えたのも、動物性脂肪を多く取るようになったことが、大きな要因です。

あげれば、きりが有りませんが、自分の食事を見直したり、考えたり、偏りのないように、また、少しでも、化学的な物質を取らないようにすることで、大きく、あなたの、これからの病気を防ぐこともできると、思うのです。

ですから、本当に考えてみませんか？

あなたの口に入れている物を！

化学物質や、添加物だらけの食品を！　調味料を！　飲み物を！お薬を！

本当に考えてみませんか！！！

再拝

本門八品（ほんもんはっぽん）　上行所伝（じょうぎょうしょでん）　本因下種（ほんにんげしゅ）　南無妙法蓮華経（なむみょうほうれんげきょう）

本国寺　　　雅諒

＊子供を授かる為に。

合掌

赤ちゃんは、はたして、卵子と精子が結合しさえすれば、授かるのでしょうか？

今の赤ちゃんが授かるための治療は、確かに、恩恵を受けている方もあるので、否定はしませんが、他に、本当に、有るべき姿はないのでしょうか？

遠まわりかもしれませんが、子供が無事安全に授かり産まれるには、私の考えでは、少なくとも、三つの事が必要です。

＊子供は、先祖の生まれ変わり、と私たちは考えております。

先祖を大切にし、供養することは、とても大事なことです。

いつか、あなたも、孫や、ひ孫や、やしゃ孫の先祖になるのです。

よく受精はしたけれど、魂が入ってなくて、子供が育たないことが……有りますよね。

＊子供は母親のおなかの中で育ちます。

その為には……良い夫婦関係が必要です。

お母さんのおなかの中で、子供を育てるのに、十分な、健康な身体と魂と心が必要です。

健全な身体と魂と心を作ることを考えず、ホルモン療法や、単に、卵子と精子を受精、妊娠することばかりに目を向けると、身体ができていず、流産したり、病気をしたり、夫婦関係自体が壊れることも有ります。

＊子供は妊娠した後、もちろん、生んだ後も、安全に育てなくてはなりません。

その為には、夫婦の愛情と協力、天や、先祖のお守りなしには、とても大変です。

そして、育てていくだけの、余裕のある身体と魂と心が必要です。

はたして、健全な身体や魂や心で、子供を授かり育てるだけの、ちゃんとした、安全な食べ物や、食事をしていますか？……赤ちゃんに顔向けできる食事ですか？

妙壽堂も、30 年になり、最初の頃産まれた子供も、もう、二十八、九になりました。

＊先月も、なかなか子供が授からなかった夫婦が、なんと、今度で三人目の可愛い女の子を無事安産で生みました。

＊子宮頸部を一部手術した後、妙壽堂に来て、体外受精せず、自然

に妊娠し、普通に分娩、出産しました。

＊妙壽堂に来たとき、子宮筋腫もありましたが、赤ちゃんもでき、子宮筋腫も小さくなり、無事、出産しました。

他にもたくさん例はありますが、共通していることは、

＊仏様にお願いし、ご先祖を供養し、

＊夫婦仲良くし、

＊適切な漢方薬をのみ、

＊安全な食べ物、食事にきをつけてた……ということです。

遠まわりかもしれません、もちろん、他にも方法もあるでしょう。

でも、赤ちゃんを授かるための治療で、精神的に苦しまないために、身体的に苦しまないためには、夫婦関係も仲良く、二人も元気で、生まれてくる子供も元気であるためには、遠まわりでも、私には、正しい方法のように思えるのです。

再拝

ほんもんはっぽん　じょうぎょうしょでん　ほんにんげしゅ　なむみょうほうれんげきょう
本門八品　上行所伝　本因下種　南無妙法蓮華経

本国寺　雅諒

*視点を変えてみましょう。

合掌

皆さんは、食育というと、小学生や子供の事と思っていらっしゃいませんか？

又、食養というと、病気の人が気を付けることだと思っていらっしゃいませんか？

もちろん、子供にとって食育はとても、とても大切なことです。

子供の時、ちゃんと手作りの食べ物を食べて育つかどうかで、将来の健康と心の持ち方は大きく違うのです。

又、病人にとって、元気になるために、栄養のある食事をとり、身体を養うことは大切なことです。

ですが、これは、子供にばかり、又、病人にばかり言えることではないのです。

若い人も、中年も、老年の方も、どの年代の方達も、食べ物を、農薬や添加物だらけのインスタント、お弁当、外食ばかりで食べている人と、手作りで、野菜やお肉も魚もキノコも、海藻もまんべんなく食べている人、又、添加物なしで有機や無農薬のものを気を付けて食べている人と同じだと思いますか？

ちょっと、視点を変えてみましょう！

ここに、天然のお魚、新鮮なお刺身、取れたての有機野菜のサラダが有ります。

きっと美味しいですよ。

さあ、召し上がれ！

でも、ちょっと待ってくださいね。

これから、化学調味料、防腐剤、保存料、乳化剤、発色剤など、それに農薬たっぷりのお醤油、ドレッシングをおかけいたします。

さあ、召し上がれ！

さて、あなたは、どうされますか？

遠慮なさらずにいつも、そうして食べていたでしょう！

そうなんです！！

皆さんは、気づかず、いつもたっぷりいろんなお薬をかけてお食事されているのです。

その上、いつも、いろんなお薬を50代以上の方は、日々服用されていらっしゃいます。

私は、今の日本が、２人に１人ガンになるのは、必然だと思っております。

私は漢方をしておりますが、食べ物も添加物や農薬を避けてちゃんと食べていただくと、漢方薬もよく効き、元気になります。

どうぞ、皆さんも、少しでも、添加物や薬物を無くした本来の身体を作っていく、養い育てていく、そういうお食事を召し上がって、日々、元気な身体を作っていってください……お願いいたします！！

再拝

本門八品（ほんもんはっぽん）　上行所伝（じょうぎょうしょでん）　本因下種（ほんにんげしゅ）　南無妙法蓮華経（なむみょうほうれんげきょう）

本国寺　雅諒

＊クリスタル。

合掌

小さい時、と言っても、小学上級から、中学一、二年のころ、詩を書いたりする時の私のペンネームはクリスタルでした。

それは、クリスタルに対する憧れから、一つには、

＊純粋でピュア

＊だけど、水や、空気と違い存在感が有る、

＊何か秘めたパワー

を感じたからだと思います。

又、今、クリスタル、水晶、それも、結晶に再び、興味を持っています。

水晶の結晶を眺めていると、自然の力のすごさを感じます。

この現代の中に、スマホやパソコンなど、現代的なものに関係なく、長〜い、長〜い時間の大きな自然の不思議な力を垣間見ることができます。

今の世の中の人は、一日中、スマホを見たり、仕事や、パソコンに追いまくられていたり、目的の為だけに、大切な気持ちや、心や、魂の事を忘れがちです。

別に、水晶でなくたっていいのです。

小さな花であったり、部屋の中に、家庭の中に、何か、自分の大切なところを感じながら、生活することは、意外に、大切と思います。

実は先日、うつにならない部屋の条件、みたいなものが、のっていました。

条件

１、日光が入ること

２、殺風景でないこと

３、グリーン、花などあること

４、清潔であること

僧であり、信仰を持つ身の私としては、この上、

５、お仏壇など仏様、神様、ご先祖様をお祭りするところが有ること

このことが、さらに、うつを防いだり、過去にも未来にもつながり通じる、今の小さなことだけに惑わされない、大切な場所、だと思います。

今の現代では、人は社会や会社の、一つのコマに過ぎない存在になりがちです。

ですが、本当はその人は、ずっと先祖から続いてきている、必然のその人なのです。

どこかで、誰かが欠けていたり、違っていると、その人ではない、わけなのです。

先祖供養をすることは、先祖を大切にするとともに、その子孫の一人でもある自分を、大切にし、自覚することでもあるのです。

今の世の中は、自分の事ばかりで、他人を大切にしない人も多いですし、自分自身も、大切にしない人も多いです。

ですが、本当の、人の生きてゆく、正しい世の中は、自分自身も大切にし、親も、先祖も大切にし周りの人たちも大切にし、子孫も大切にする世の中だと、私は思います。

他の人の悲しいことを、悲しいと思い、心を痛め、涙を流し、他の人の嬉しいこと、幸せを、ほほえましく思い、心を温め、笑顔になる、そういう世の中が、少なくとも、いい世の中だと、私は思います。

私にとっての、大きくは信仰や、又、水晶のように小さな、正しい基準を心の中に持ち、あなたも心の中に、正しい基準を持ち、私たち一人から、まず自分から、自分自身もほかの人も大切にする。

正しい世の中を、作っていく努力をしていきませんか！！

再拝

本門八品(ほんもんはっぽん)　上行所伝(じょうぎょうしょでん)　本因下種(ほんにんげしゅ)　南無妙法蓮華経(なむみょうほうれんげきょう)

本国寺　　　　雅諒

*ゆるがない正義感。

合掌

先日、サリン事件でも検事として知られている、河上和雄さんが亡くなられました。

私見ですが、この人ほど、この言葉にぴったり当てはまる人は、なかなかいらっしゃらないのではないでしょうか。

テレビのバンキシャの御意見番として、十数年、414 回の出演される中に、河上さんの生きる姿勢、自分の人生をどう生きるかが表われているように思います。河上さんは、他人が何と言おうと、自分だけは正しいことを貫くという気概を持っていると、おっしゃっていました。

河上さんは、歯に衣着せぬご意見番として知られてはいましたが、決して、毒舌ではなかったと思います。

正しいことを正しい、悪を悪いとおっしゃっただけなのです。

以前、私が書いたことのある「ゆるがないこと。」でも書いたように、ゆるがない正義感というのは、必ず、ゆるがない良心、ゆるがない優しさや慈しみとともにあると思うのです。

自分勝手な、おごりに満ちた、わがままなだけの、自分肯定ではないのです。

他の人を、人としての尊厳を大切にするからこそ、正しい事を正しいといえるのが、ゆるがない正義感だと思うのです。

そして、そういう正義感を持つ方が、又、一人いらっしゃらなくなって、とても、とても、寂しく感じます。

これからの社会の中にも、ゆるがない良心、ゆるがない正義感、ゆるがない優しさ慈しみを持った人が、一人でも多く、育ってほしいと思います。

自分も、子供たちにも、社会の中にも、少しでも、自分勝手なことを戒め、正しいことを正しいと胸を張って言える、生きる姿勢を示すよう、努めていきたいと思います。

再拝

本門八品（ほんもんはっぽん）　上行所伝（じょうぎょうしょでん）　本因下種（ほんにんげしゅ）　南無妙法蓮華経（なむみょうほうれんげきょう）

本国寺　雅諒

*母の力。

合掌

もうすぐ、母の七回忌が来ます。

亡くなって、一日も母のこと忘れる日は有りません。

というより、生きている時より、いつも見守ってくれている気がいたします。

全く、悪い事やずるいことなんて考えたりしたりできない、そういう気がします。

もちろん、私の母は、生きている時も、ずい分、怖い母、厳しい母でした。

生きている時は、はっきり言って、優しい母と思ったことはないくらい、厳しく、怖いけれど、頼りになる母でした。

困った時は必ず何とかしてくれる、助けてくれる母でした。

最後まで、いけないことはダメと言い、良いことは、応援してくれる母でした。

母の力って何でしょう？

とにかく、夫や子を思い、一日一日の努力の積み重ねの結果なのです。

とにかく、私の母は、私のことを良〜く見ていました。

遠くから、近くから、真近で、ずっ〜と、私の事を見守っていました。

人として、子としてちゃんとしているかどうか、見張っていました。

私はいつも、人を植木鉢の花に喩えますが、とにかく、見守り、世話をし、水をやり、肥料をやり、日を当て、風を通し、はじめて、立派な花を咲かすことができるのです。

どの子供も、両親だったり、片親だったり、代わりの人だったりはするけれど、お世話されて、叱られて、愛されて、大きく育ち、花を咲かすのです。

ご飯を炊き、お味噌汁を作り、玉子焼きを焼き、御馳走でなくとも、野菜炒め、煮もの、カレー、焼き魚、手作りのものを、子供に食べさせることは、もちろん、経済的にも、惣菜やお弁当を買うよりかかりませんが、とにかく、私の見る限り、母の味、その家の味を作ることで、子供は非行に走りません。

近頃、世間では、少年が、悲しい目にあったり、酷いことを起こしたり、毎日のようにどうしてと思うことが起こっています。

政治家や教育者は、学校や先生の事を何とかしなくてはと言ってますが、何といっても、根本は、家庭であり、親だと思うのです。

つまるところ、母の力だと思うのです。

そして、そして、根本の根本は、母の料理、食べさせることだと思います。

ご馳走でなくとも、おっぱいから始まり、毎日、朝、晩、朝、晩、の繰り返しです。

子供や家族の栄養、健康を考えての繰り返しです。

私もそうして育てられました。

いつもより、遅く帰ると、どうしてか?

いつもより、暗い顔をしていると、どうしてか?

いつもより、ご飯を食べないと、どうしてか?

毎日～、母は、子どもを見守り続け、何を考えているのか、ちゃんとしているのか、誰より信じられる子供に育てていくのです。

それにはやはり、母の強い意志が必要です。

自分の子供を守り、ちゃんと一人前に育てるという、強い意志の積み重ねです。

優しく、粘り強い毎日の積み重ねです。

心を込めて、愛情を込めて、一番基本の食のところから、積み重ねましょう。

そして、いけないことをはっきりいけないと言い、良いことをしっかり応援いたしましょう。

必ず……母の力は、実ります！！

再拝

本門八品（ほんもんはっぽん）　上行所伝（じょうぎょうしょでん）　本因下種（ほんにんげしゅ）　南無妙法蓮華経（なむみょうほうれんげきょう）

本国寺　　　　雅諒

＊罪障ということ。

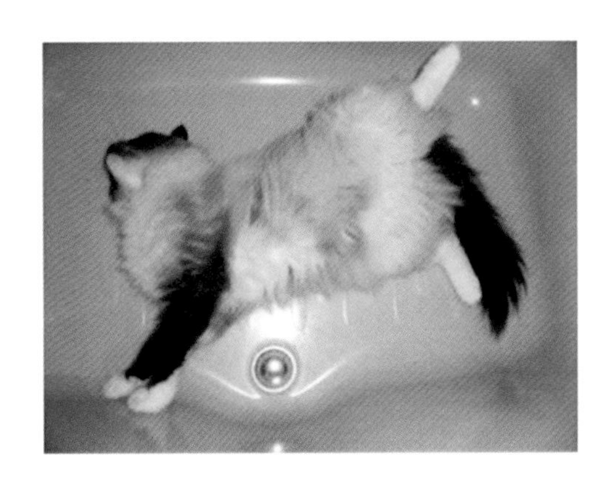

合掌

罪障（ざいしょう）って何でしょう？

私は水子供養などでお寺に来られた方には、霊界の借金や貯金のようなものですよと説明しています。

罪障には、良い罪障と悪い罪障が有ります。

つまり、良い罪障は貯金、悪い罪障は借金ということです。

善い人でもないのに、すごくうまく行っている人もいますね。又、逆にすごく善い人なのに真面目に努力して頑張っているのに、ちっともうまく行っていない人もいます。

どうしてでしょう？

つまり、善くない人でもうまく行っている人は、霊界に先祖からの沢山の貯金があるのです、でも、これも、悪い事ばかりしていると使い果たしてしまいます。

善い人なのにうまく行かない人は、霊界は、前世や、先祖や、過去に作った罪の借金がいっぱいという状況です。

では、どうしたら、悪い罪障を消し、善い霊界の貯金を増す（功徳を積む）ことができるのでしょうか？

私の宗派法華宗では、

ほんもんはっぽん　じょうぎょうしょでん　ほんにんげしゅ　のなむみょうほうれんげきょう

本門八品　上行所伝　本因下種　南無妙法蓮華経を唱えることにより、悪い罪障が消えていくと申し上げています。

そして、善いことをする（功徳を積む）ことが、善い罪障を作っていくと申し上げています。

私見ですが、幸せになる為には、４つの事が必ず必要と、私のお寺の檀家さんや、水子供養にいらした方には、お話いたしております。

1．罪障消滅

2．先祖供養

3．正しく考える

4．正しく生きる

ということです。

でも、急に、すごく立派な人にならなくてもいいのです。

ただ、目の前の事を一つずつ、一日ずつ、自分の中の、良心に問うて行うのです。

どちらを選ぶべきか？

どちらが正しいほうか？

どちらが仏様に胸を張れるか？

私の場合は、どちらが仏様は、よし！、といってくださるかどうか、で決めています。

考えても見てください！

この世の借金だって返せますし、貯金もできます。

だったら、霊界の借金、貯金の罪障も同じです。

悪い罪障をけし、功徳を積めば、運命も変えられるし、変わります！

一つ一つ小さな罪障から消し、一つ一つ功徳を積みましょう。

そして、何より、悪い罪障を作らないように、正しく生きて行きましょう！！

再拝

本門八品（ほんもんはっぽん）　上行所伝（じょうぎょうしょでん）　本因下種（ほんにんげしゅ）　南無妙法蓮華経（なむみょうほうれんげきょう）

本国寺　　　雅諒

＊大慈くんのしつもん。

合掌

大慈くんは、３才のかわいい、かわいい、おりこうな男の子です。

近頃、大慈くんは、ふしぎにおもうことが、いっぱいあります。

ママにしつもんしました。

ママ、仏様って、どこにいるの？

ママ；仏様はね、どこにでもいらっしゃるのよ。

　　　大慈くんが、なむみょうほうれんげきょうを唱えて、お守りくださいっていえば、すぐ来て下さるのよ。

へえ～！　なむみょうほうれんげきょうって、まほうのじゅもんみたいだね！

ママ；そうね、仏様と大慈くんとのあいだの、おまじないね。

　　　だから、いっぱい、いいことをして、優しい、正しい心でいてね。

でないと、おまじない、きかなくなっちゃうよ！

うん、わかった！

じゃあ、ご先祖さまって、どこにいるの？

ママ；ご先祖さまも、いつも大慈くんのそばにいるのよ。いつも、大慈くんを、大丈夫かなと、守ろうとしていて下さるのよ。

へえ～、そうなんだあ～！

ママ；でも、ご先祖さまを、元気にできるのは、ママや大慈くんなのよ。

いつもお寺に行って、ご供養しているでしょう。

ご先祖さまには、お寺で上げてもらうお経がごはんなのよ。

そうなんだあ～！　だから、お寺に行くと、元気がでるんだね。

じゃあさあ～、死んだら、どこへいくの？

ママ；それはね、仏様や神様が、決められるのよ。

いいことをいっぱいした人や、優しく、正しく生きた人は、

きっと、天国に行けると思うよ。

でもね、悪いことをしたり、人や動物を殺したりした人は、

地獄に行くことになるかもしれないわね。

へえ、そうなんだあ～！

ママ；だから優しく正しい心を持って、みんなのために、善いことをいっぱいしましょうね。

パパや、ママと、お兄ちゃんと、大慈くん、みんなで仲良く、
頑張ろうね！

うん、いいこと、いっぱいするね。

ママ、あのね……？

大慈くんのしつもんは、まだ、まだ、続きそうです。

再拝

本門八品（ほんもんはっぽん）　上行所伝（じょうぎょうしょでん）　本因下種（ほんにんげしゅ）　南無妙法蓮華経（なむみょうほうれんげきょう）

本国寺　　　雅諒

＊御供養ということ。

洋皿のグリル鶏どんぶり、マグロとホタテのマリネ、具だくさんの豚しゃぶ梅酢冷麺。

合掌

もうお盆も過ぎてしまいましたが、お盆の由来は、お釈迦さまの神通力第一のお弟子、目連尊者が亡くなった母、青提女をどこにいるか天界を探したところ、天界にはいず、なんと、慳貪（けち、欲深い）の罪で地獄に落ちていたのです。

そこで、目連尊者はその神通力で母に水や食べ物を送り、母を地獄から助けようとしました。

でも、青提女が口にしようとすると火となって燃えてしまったのです。

困った目連尊者は、お釈迦様にお尋ねしました。

どうして私のように神通力があるのに、わが母を助けることができないのでしょう？

お釈迦さまは、それは、青提女の罪障のためである。その罪障の深い母を助けたいのであれば、千人の僧に、お経をあげて、御供養してもらいなさいとおっしゃいました。

目連尊者は教えの通りに、千人の僧に御供物をし、母への御供養をしました。

そして、青提女はお経の力により成仏し、地獄界より救われたのです。

このようなことから、お盆のように、霊を供養してもらうことが始まったといわれています。

皆さんも、よくお墓参りもされると思います。とても良いことで、ありがたいことです。

では、お墓参りと御供養との違いはどこにあるのでしょう。

お墓参りも、もちろん、ご先祖様も、きっと喜んでくださっているに違いはありません。

お墓参りはどちらかというと、お墓参りするこちら側のためのように思えます。

ご先祖や、親や、お世話になった方に、お礼を言ったり、報告したり、することで、お参りした方がとにかく気持ちが救われるのです。

御供養は見えないご先祖の霊に対して、僧にお経をあげてもらうことにより、お経（法味）により霊が成仏し、またさらに、霊が子孫を守る力をつけることになるのです。

では、自分で上げるお経は、どうなんでしょう？

自分で上げるお経は、自分自身の罪障消滅のためになるのです。

ですから、目連尊者も他の千人の僧にお布施をしてお経をあげてもらったのです。

いつも、檀家の皆さんに申し上げているのは、

１、罪障消滅すること。（お題目、お経を唱える）

２、御供養すること。

３、正しく考える。

４、正しく生きる。

私はこれは、檀家の方でなくとも通じることと思います。

又、以前も申し上げましたが、家族にとって、仏さま、ご先祖様は、家にたとえると、屋根です。

家族を、嵐や雨や雪や熱射などの人生の荒波より守ります。

家族、親せきは家の壁です。まわりから守ります。

友達や同僚は床で、家族を支えます。

家族も、親せきも友達も大切です。

きっと、仏さまや、ご先祖を大切にする気持ちは、ほとんどの方がお持ちと思いますが、ぜひ、本来の御供養のことも、考えてみていただけたらと思います。

現代は、見えることや自分のことにはお金を使うことが多い世の中ですが、見えないけれど、実際に、自分が今あるのは、ご先祖があるからで、必ず、先にはあなたも先祖になるのです。

御供養により、ご先祖を尊び御法味を差し上げ、救い喜んでもらうことは、すなわち、お経の力により、先祖の悪い罪障を消し先祖に力をつけ、子孫を救い守ることになるのです。

あなたは、屋根のないお家に住んでいらっしゃいませんか？

あなたの家族に何か問題があるとしたら、屋根が壊れていたり、傷んでいたりしていませんか？

この世は目に見えることだけでできているのではありません。

正しく考え、正しく生き、頑張っていらっしゃる人こそ、運命のままに、罪障のままに、流され、振り回される人生や報われない自分を、仏さまやご先祖を御供養することにより、お守りいただけ、人生を変えていけることも考えていただけたらと思います。

もうすぐ、お彼岸もまいります。

仏さま、ご先祖を御供養しに、お参りされてみませんか？

そして、御供養を積み重ねることで、大きく、何かが、きっと良い方へ変わっていくことでしょう。

正しい積み重ねに仏様、ご先祖は必ず正しく答えてくださるに違いありません！！！

再拝

本門八品（ほんもんはっぽん）　上行所伝（じょうぎょうしょでん）　本因下種（ほんにんげしゅ）　南無妙法蓮華経（なむみょうほうれんげきょう）

本国寺　　　　雅諒

＊41 歳寿命説ということ。

天然鯛のてまり寿司、地鶏のピザ、キビナゴのから揚げ、有機トマトピュレーで作るキノコソースのハンバーグ、無添加パン有機野菜、

地鶏のピザトースト、ちょっと怒った華蓮ちゃん。

合掌

妙壽堂を始めた31年前、巷でこの「41歳寿命説」というのが、さ
さやかれていました。

でもまだバブルの終わりの方で、まだまだ皆浮かれていて、じっと
自分のことを見直す人は、とても少ない時代でした。

ところが、31年たった今、のんきなことを言っていられない現実が
あります。

というのも、妙壽堂にいらっしゃる近頃の患者さんの年齢がすごく
下がっているのです。

以前、妙壽堂を始めたころは60歳以上の方がほとんどでした。今
はとにかく、若い人が多く、30〜40歳が一番多いのです。

それも、ひどい人が多いのです。

それも、どこだけというのではなく、どこも、ここも全部悪いとい
う感じなのです。

＊食道に問題があります。（逆流性食道炎、食道アカラシア）

＊胃に問題があります。（胃痛、止まらないゲップ）

＊大腸に問題があります。（便秘、下痢、又その繰り返し）

＊膵臓に問題があります。（糖尿、油ものを受け付けない）

＊肝臓に問題があります。（脂肪肝、アレルギーなど）

＊血管に、心臓に、腎臓に、神経に問題があります。

とにかく、身体全体が痛み傷ついているのです。

その方たちに共通していることって何でしょう？

１、ファーストフード、コンビニ食品、インスタント食品ばかりなのです。

２、缶ペットの飲み物ばかりなのです。

３、油っこいもの、甘いもの大好きなのです。

４、野菜、キノコは嫌いなのです。

５、魚介、海藻は食べないのです。

１の結果、添加物（防腐剤、発色剤、化学調味料等々）など重なって、化学物質を多くとることにより、胃腸は荒れ果てた状態に、肌も、アトピーぽく、吹き出物がいっぱいです。

２の結果、水分、糖分、添加物の取りすぎで、胃腸が荒れ、冷え、糖尿や腰痛にも、近頃では、人工甘味料のせいで、しびれや、神経障害にも。

３の結果、この油が良い油ならまだしも、マーガリン、ショートニング、動物性脂肪のせいで、動脈硬化や、過敏性やポリープがんなど大腸の病気にも。

４の結果、ビタミン、酵素不足、食物繊維の不足により便秘、血液の汚れがひどいことに。

５の結果、ミネラル不足、EPA、DHA の不足により、うつや、ストレスの増強、脳の働きの低下など。

そして、又、又、問題なのが、この１～５までのことが、ほとんどどの人も全部重なって有るということです。

私は本当に、本当に心配しています。

これからの若い人たちを。

私のように、60を過ぎた者が、無農薬や有機で食べ物に気を付け元気でいる一方、若い人たち、働き盛りの人たちは、農薬、添加物、人工甘味料などによって、蝕まれていくのです。

それでは、私達は、今、何をどうしたらよいのでしょう。

今、何をどうするべきなのでしょうか?

まず、第一に食べてるものを知ること。

一品、一品では、食品に添加することが許可されているものがあっても、今、現在のように、朝から晩まで、幾種類もこういうものを摂取し、それも、何年も、何年も、続いて、摂取するという状況を把握する必要があります。

第二に、自ら行動すること。

自分の口に入れるものです。

真剣に考えてほしいのです。

口に入ったら入っただけ、必ず身体に影響が有ることを。

今、確かに、無農薬、無添加のものを探すことの方が難しくなっています。

でも、それでいいのでしょうか?

自分の身は自分で守らねばなりません。

30年前、東京に行くと、本当に、川も海岸も汚くて、帰ってくると、鼻の中は真っ黒でひどいものでした。

でも、今の東京はどうでしょう。海もずいぶんきれいになり魚も釣れるようになり、なんと、今年は海水浴もできるまでになりました。

行動してきた結果は、成果は、必ず現れます。

今の科学の進んだ日本ですもの、添加物を使わなくても、食品を保存することができるはずです。

一人、一人が添加物の入らないものを、農薬をできるだけ使わないものを選んで買うようにしましょう。

その結果は、成果はきっと、あなたや、あなたの家族の健康となって現れることでしょう。

私達、一人一人が自分のこととして自覚をもって食品に気を付けていくことで、本当に、「41歳寿命説」が消えてしまうようにしなくてはなりません。

業界でも、コンビニ、食品、飲料業界も考えるべきです。自分の子孫を守るためにも、そして、利用してくれる人たち健康、繁栄なくして、会社の繁栄はありません。

社会では、特に、医師、薬剤師、栄養士、料理研究家、そして家庭では、母親が、率先して今の子供たちや、若者の未来を正しく改善していく責任があると思うのです。

現実は暢気に、国が政府がと言っている状況ではありません。

今、そこに、あなたの家庭に危機が訪れているのです。

知ってください！！　汚染された現実を！！

そして自ら、あなたの家庭から、改善してください！！

そして自ら、あなたの家族から、守ってください！！

再拝

本門八品（ほんもんはっぽん）　上行所伝（じょうぎょうしょでん）　本因下種（ほんにんげしゅ）　南無妙法蓮華経（なむみょうほうれんげきょう）

本国寺　　　　雅諒

*腹水がとれるということ。

＊ホワイトソース無しの簡単ドリア

とりの胸肉、玉ねぎ、マイタケを粗みじん切りにし、ハーブ塩、無添加のかつおだし、クリームチーズで炊いた玄米とあえ、上に、チーズを乗せ焼くだけ。簡単でしょ！

＊オーガニック素材のレーズンパン

オーガニックの小麦粉、レーズン　ドライイースト、ちょっぴりの塩　オリーブオイルで、発酵したら焼くだけ。もちろん簡単！

＊くつろぐ華蓮ちゃん。

合掌

とても患者さん思いで、漢方を良く解って下さるお医者様がいらして、抗がん剤などを望まれない、がんのステージの悪い方で、もう西洋医学的にはむずかしいという方をご紹介くださいます。

先月も、大腸がんで、腸閉そく、肝臓に転移し、腹水がたまり、他にもあちこち播種のがんがあり、すでにもう４か月も食事をとれていない状態の患者さんをご紹介くださり、牛黄などの漢方薬をのみ始められました。

＊服薬より２日目。

お腹がゴロゴロいいだしました。

＊４日目。

おならがでました。

＊８日目。

便が出始め、腸閉そくが通じました。

＊10 日くらいより

お腹が柔らかくなり

＊14 日目には

腹水はほぼとれ、体重 38Kg に

＊20 日過ぎ

足のむくみもとれ、全く無かった食欲も少しずつ回復、スープや、無農薬のミカンも絞って飲めました。

＊今日 25 日目

ヨーグルト食べれました、オーガニックで作ったパンも薄切りにしてスープに浸して食べれたそうです。

＊病院ももう何もできないので、食べれるようになったら、退院させて下さるそうです。

＊まだ飲み始めて１か月にはなりませんが、有機玄米のおかゆを食べれそうです。

実は、最初、奥様は……こんな状態で良くなるのでしょうか、良くなった人はいるのでしょうか？……と、私は……やる前にあきらめるのなら、やらなければいい……ときついことを申し上げました。

……そして、一週間試してみて下さるとわかります……と申しました。

それで二週間試してみることになり、のみはじめたのです。

私は、大丈夫という気がしていました。

去年も、同じ先生のご紹介で、腹水がとれたり、胃がんで幽門がふさがっていた方も通じたりして喜んでいただいていましたし、なにより、抗がん剤を使っていないということで、身体がまだ痛んでいないと思いました。

抗がん剤は効く人もいますが、身体も痛みます。また、弱いがん細胞はたたくことはできますが、強いがん細胞は生き残り、後から勢いを増してくるのです。

この方は、抗がん剤をしてなかったので、やはり、自体の回復力が出てきたのです。

私は、ご本人の気力や、免疫力を高めたり、解毒を助けたりする漢方薬しか使いません。

弱っている身体に抑える薬は使いません。

身体に優しくても、力のある漢方薬は沢山あります。

それとまた一つ大切なのは、口に入れる食べ物です。

身体を傷つけず、養っていく、本当に安全なものでなくてはなりません。

甘いものや、添加物や、農薬の多いものではさらにがんを悪化させます。

そして、何より一番大切なことがあります。

正しいことならどんなことをしても、この方を助けたいという、本当に真心こめて尽くされる奥さまやご主人、ご家族の、毎日、毎日の小さなことの積み重ね、真心の積み重ねなのです。

その本当の真心が仏さまに通じるのです。

私は、信じて疑いません！！！

再拝

本門八品(ほんもんはっぽん)　上行所伝(じょうぎょうしょでん)　本因下種(ほんにんげしゅ)　南無妙法蓮華経(なむみょうほうれんげきょう)

本国寺　　雅諒

＊認知症ということ。

＊タイ風とり炊き込みご飯

認知症に良い鳥の胸肉（プラズマローゲン）をお米に、ハーブ塩、しょうゆ、無添加のかつおだしを入れて炊くだけ。

鳥の胸肉にはお塩を一つまみまぶしましょう。

付け合わせには濃い色のお野菜、ナッツ、レーズンを加えてさらに認知症にグッド！

＊簡単鶏飯

これも、認知長に良い鳥の胸肉をお鍋にステンレスのざるを入れ水を底にひたひたに入れ、キッチンペーパーをひいて鶏肉を蒸します。

鶏肉は３つくらいに切り蒸しましょう。この時も塩一つまみ、底に残ったスープをあくや油を取り除き、しょうゆハーブ塩、かつおだしを入れたれにします。上には野菜や錦糸卵、ブロコリースプラウト、わかめなどのせましょう！

＊いたずらな華蓮ちゃん

ペットを飼うことも認知症になりにくいといわれます！

合掌

まあ、どんな病気にでもなりたくないのは人の常ですが、特に自分は認知症になりたくないと思うのは、人の正直な気持ちではないでしょうか。

ところが現実ではその人の思いと反して、ますます認知症が増えているのです。

私のところにも近頃はそういう方も増えてきました。

そして、やっぱりそういう方たちには共通点があることに気づきました。

１、入れた緑茶を飲まない（緑茶は唯一認知症に良い飲み物です。）

２、魚介を好きでない。（貝、イカ、タコを食べない。）

３、長年薬をたくさん服用している。

４、社交的でなく、無趣味、依頼心が強い。

５、料理をせず、買ってきた総菜やお弁当、甘いものばかりで、食事の質や内容が悪い。

＊例えば、緑茶も今は認知症に効果ありと医師も認めています。……それだけでなく、飲まない人に、入れた緑茶を飲ませると、口の中の歯周病や虫歯、口臭の原因になる菌を激減させることも分かっています。

一週間くらいで腸内の善玉乳酸菌が倍増するそうです。

私は今の日本人の現状（認知症、介護、がんの人の急増）は緑茶を常用しなくなったことも大きく影響していると思います。

事実、お茶の産地で濃いお茶をたくさん飲むことで有名な掛川市では、男女とも、健康寿命も全国でもトップクラスでがんも少ないなど他と明らかな差があります。

＊魚介は、当然皆さんもご存じのように、EPA、DHA など脳に必要なものをとるために必要です。

貝、タコ、イカに多いリン脂質も、脳に絶対必要なものです。

お魚を面倒に思う人は、せめて、鮭を食べましょう。鮭は DHA も多いですが鮭特有の赤い色は、アスタキサンチンという脳や身体の錆をとるような成分なのです。

また、EPA、DHAは熱で壊れやすく、干物でも酸化しているので、なるべくお刺身で食べましょう。

＊以前、新聞で、ある医師が、久しぶりに、作家である父に会ったら、すっかりボケてしまい、作家活動もできなくなっていました。

聞いてみると、沢山の薬をのんでいたので、一つ二つを残し止めさせてみると、又以前のように作家として活動できるようになった話を読みました。

今は、10年以上も、毎日10種類を越える新薬を飲み続けている人も多いです。

また、新薬も脳に作用する薬が多く年月も長くなると、薬の副作用も多くなるので、生活環境や身体の改善することも取り入れ、先生ともよく話をして、ただ漫然と沢山の薬を飲み続けることを見直してみましょう。

＊なかなか性格的なことは変えられませんが、

写真を撮ったり、

絵をかいたり、

音楽を始めたり、

俳句を詠んだり

家族の方たちも、何かそういうチャンスを作ってあげることも大切と思います。

バイリンガルの人は認知症になりにくいそうです。

また、お化粧するだけでも、改善するという報告もあります。

＊もちろん、漢方薬にも、いろいろ改善できるものがあり、

川玉金（中医で使うウコンの良いもの）……ドルビー小体などの脳のしみを減らす

ヤマブシ（脳を活性化するといわれるキノコ）

天麻（脳内の血流量を活性化、昔より、めまいの生薬）

イチョウ葉（脳内血流量を増やす）……など、など、

＊食べ物でも、

玄米（ギャバという脳内活性物質）

鳥の胸肉（プロズマローゲンという記憶を良くしたり活性化する物質）

カマンベールチーズ（白カビが脳のシミを消すといわれる）

ナッツ類（脳に良い不飽和脂肪酸）

残念ながら、糖分は、脳の栄養分でもありますが、野菜や穀物にも入っており、甘いものとして摂るのは要注意です。

すでに、アメリカの保健局では、麻薬にも匹敵すると、糖分を過剰に取らないよう警告しています。

糖分は少しでも過剰になると血をドロドロにしたり、物忘れもひどくなります。

＊そして、お料理は手指を使うことで脳をフル回転させ、本当に脳を活性化する認知症予防の最大の武器であり手段なのです。

以上のことから解ったことは、認知症は防ぐことができるということです。

それには、

＊緑茶を飲むこと！！

＊むやみに新薬をのまないこと！！

＊魚貝や鳥の胸肉、ナッツ、大豆など脳に良いものを食べること！！

＊ファーストフードやお弁当総菜などの古い油、添加物をとらないこと！！

＊趣味や運動、勉強を続けること！！

＊自分で素材から料理すること！！

そして何よりやってみましょう！！！

とにかくやったもの勝ちです！！！

とにかく、認知症にならないよう毎日、自分自身が気を付け、脳を使って考えることです！！！

再拝

ほんもんはっぽん　じょうぎょうしょでん　ほんにんげしゅ　なむみょうほうれんげきょう
本門八品　上行所伝　本因下種　南無妙法蓮華経

本国寺　　　雅諒

＊反省するということ。

手作りハムでサンドイッチ

合掌

近頃、何が悩みかって、あまりに反省しない人、自分の事を省みない考えの人が多くて、本当に、何事も他人のせいにして、困ってしまいます。

まずは、自分の事を省みることをむねとし、他の人を思いやるのが、親の教え、信仰の基本として生きてきた私には、なかなか解からない所が有ります。

昔と違うなと思うのは、昔の反省しない人って、おごっていて、自信過剰な人でした。

でも、近頃は反対のタイプ。

何事も自分が傷つかないよう、悪いのは他人で、何か困ることが有ると他人のせい。自分を守ることばかり。全く反省はしません。だって、自分は悪くないもんと。かたくなな心になっています。

こういう人たちにお願いしたい大切なことが有ります。

反省することは、何より、誰より自分の為だという事です。

自分が良くなる向上するためだという事です。

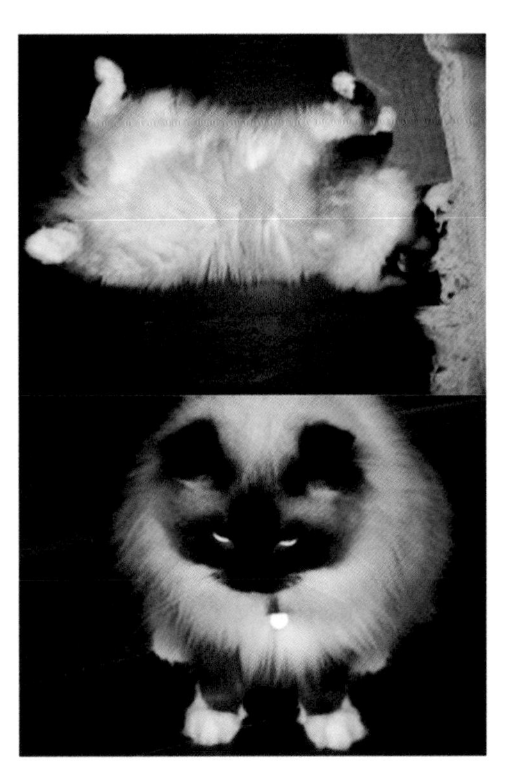

本当は幸せになる大きなチャンスを失っているかもしれません。

ところで、本国寺の四菩薩様は、よく見ると、少し膝を曲げて屈んでいらっしゃいます。

父が、仏師の方に、本国寺の四菩薩様は、これから飛び立とうとするお姿にしてもらったのでした。

これから大きく飛躍するために膝を曲げる、これは私には、飛び立つために、大きく成長するために心を柔らかくすることのように思えるのです。

大げさに考えなくても、自分を振り返り、自分を見直し、改めることは、次の飛翔、成長のために必要な、大きな自己点検と思ってみませんか？

次に失敗しないためにも、自己点検、必要と思いませんか？

ですから、すぐ、今から始めましょう……反省という自己点検。

毎日やってみましょう……自分を省みるという自己点検。

そして、いつの間にか、チューンアップされたあなたが、そこにいます。楽しみですね。

どんどん、自己改善されていく自分。

いろいろなまわりの方が、親が、兄弟が、友が、同僚が、上司が、他人が、あなたの自己改善を手助けしてくれます。楽しみですね。人生って！

ものの見方や、考え方をちょっと変えるだけで、自分の力で、他の人のおかげで、人生って、大きく、良く、変えられる、楽しみですね。人生って！

再拝

本門八品（ほんもんはっぽん）　上行所伝（じょうぎょうしょでん）　本因下種（ほんにんげしゅ）　南無妙法蓮華経（なむみょうほうれんげきょう）

本国寺　　　雅諒

あとがき　付録として

＊料理本「Ａ級中医師が教える料理のひみつの赤本」出版いたしました！

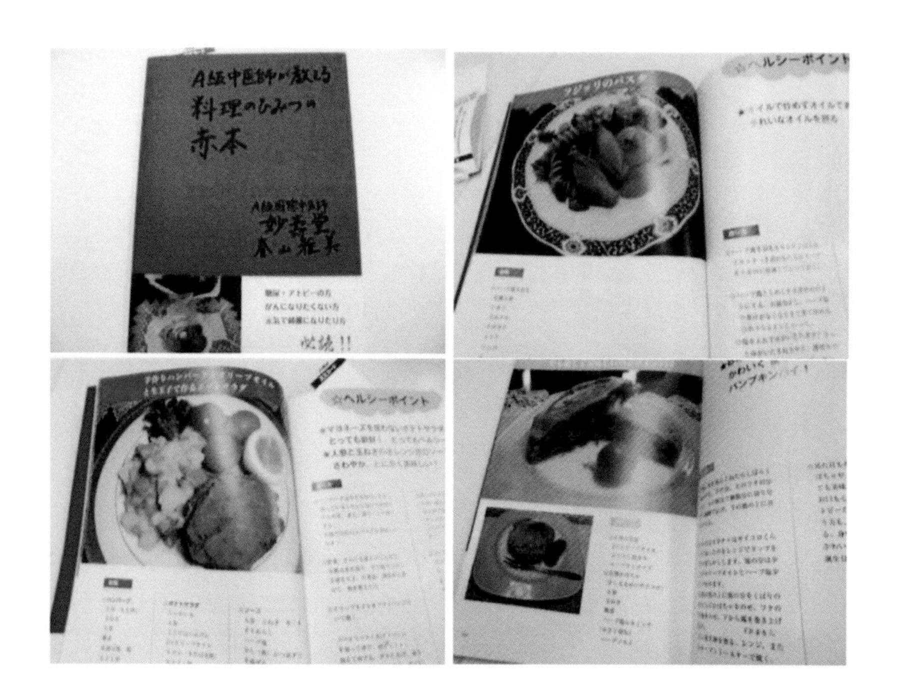

合掌

ずいぶん、お待たせいたしましたがようやく出版できました。

1月20日過ぎには、主要都市の大きな本屋さん（アマゾン、楽天ブックスにも）おいてあると思いますので、ぜひ、よろしくお願いいたします。

＊真っ赤な表紙の本です。

＊全編私が妙壽堂でみんなにお昼に作っているお料理です----->ですからとっても簡単！

＊お砂糖なし、無農薬、有機、添加物なし-----＞安心！　ヘルシー！　美味しい！

＊食文化は大切にしながら、美味しく、上手に、満足して-----＞カロリーダウン！

＊毎日、料理のひみつを使って作るうち、知らないうちに、ヘルシーな偏りのない病気を防ぐお料理が身に付きます！

＊マヨネーズを使わないポテトサラダー---->くせになる美味しさ！　簡単！　ヘルシー！

＊美味しい人参ソース、バターの代わりのすりごまとオリーブオイルの作り方などのってます！

＊絶品タコサラダなど簡単で美味しい独自メニューのってます！

＊随所に、健康や栄養の知識ものってます！　（1か所訂正がございます、p97 で、身体を錆びさせる―――＞錆びさせない、です)

＊毎日どれかを作っていけば自然と元気で健康に！　糖尿病、アト

ピー、認知症の予防も！

＊今までと違う料理のひみつを読み取って、毎日のお料理をより安全にレベルアップいたしましょう！

是非、皆さんのお役に立てることを心より願っております。

＊電子本もアマゾンより発売されました-----＞アクアッパッツアなど新しいメニューも入っております！！！

＊会員は無料ダウンロード出来ます！！

R3／12／17時点でアマゾン無料ダウンロード《4位》でした！！

こちらもよろしくお願いいたします！！

再拝

ほんもんはっぽん　じょうぎょうしょでん　ほんにんげしゅ　なむみょうほうれんげきょう
本門八品　上行所伝　本因下種　南無妙法蓮華経

本国寺　雅諒

＊妙壽堂ＮＥＴＳＨＯＰを開店いたしました！

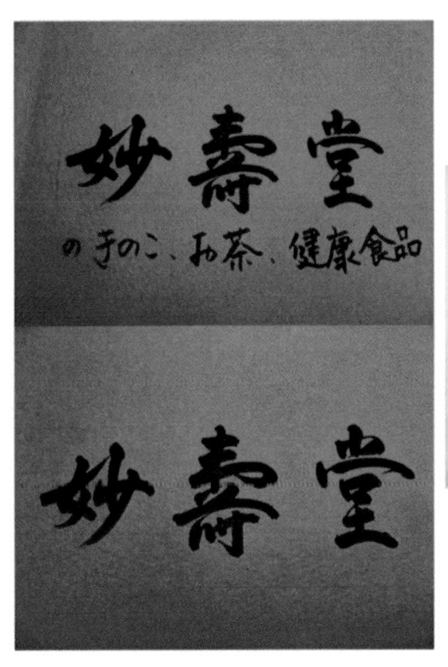

合掌、この度、妙壽堂ＮＥＴＳＨＯＰを開店いたしました。

きのこ、お茶、健康食品だけのお店です。お一人、お一人のご相談や、「牛黄」などのことは、直接、妙壽堂にご相談くださいませ。

もちろん、妙壽堂ＮＥＴＳＨＯＰで扱っています、きのこ、お茶、健康食品は、特に、品質は厳選いたしております。

日常の生活の中で、本当に品質の良いもので、健康や体調をより良く手助できればと考え作ってみました。

皆様のより良い日常生活のためにお役に立ちたいと、切に願っております。

どうぞ、妙壽堂ＮＥＴＳＨＯＰをよろしくお願い申し上げます。

妙壽堂ＮＥＴＳＨＯＰ……https://myojudoshop.com をよろしくお願いいたします。

きっと、きっと、お役に立てると信じております。

＊ただ今、初回キャンペーンいたしております！！！

妙壽堂ＮＥＴＳＨＯＰの高麗人参などやサプリのもの、おまかせさんコース、強力きのこ末シリーズ、よりお選びいただけます。ぜひおもうしこみくださいませ！！！

どうぞよろしくお願いいたします。

再拝

ほんもんはっぽん　じょうぎょうしょでん　ほんにんげしゅ　なむみょうほうれんげきょう
本門八品　上行所伝　本因下種　南無妙法蓮華経

本国寺　　雅諒

＊水子供養の本国寺ウエブ受付を開設いたしました。

合掌

五月十四日に本国寺のウエブ受付を開設いたしました。

ずっとご供養したいと思っていたけれど、どこへ行けばいいのか？

どうすればいいのか？

わからない方が、意外に若い方からいらっしゃると気付き、開設することにいたしました。

約２か月の間に、３件のご供養御祈願をお受けいたしました。

実を言うと、ネットでのご供養なので、簡単な感じで、何々家、何々家のだれだれのご供養をお願いいたしますと、申し込みがあると思っていました。

でも、実際に頂いたのは、施主の方の長年のいろいろな思いや願いが、いっぱい、いっぱい詰まっている長い長いメールでした。

とにかく、施主の方の思いに応えるべく、朝夕、全員のお名前、ご先祖名を申し上げ、施主の方のご守護とともに心を込めお経をあげさせて頂いております。

父がよく言っていたこと、

「真施畏るべし」

真心のこもったお布施に負けないようなお経をあげないといけないと、いつも申しておりました。

私も、このことを肝に銘じて、これからも毎日、お一人お一人への心を込めたお経をあげ、父に叱られないようしっかり精進して参りたいと存じます。

よろしくお願いします！！

再拝

本門八品（ほんもんはっぽん）　上行所伝（じょうぎょうしょでん）　本因下種（ほんにんげしゅ）　南無妙法蓮華経（なむみょうほうれんげきょう）

本国寺　　　　雅諒

プロフィール

☆春山雅諒（日雅）

法華宗本国寺

第四世住職

僧階　大僧都

昭和27年8月11日生

昭和47年得度

平成19年第四世住職

妙壽堂代表

A級国際中医師

薬剤師

水子供養の本国寺ウェブ受付

https://honkokujigaryou.com/

妙壽堂ＮＥＴＳＨＯＰ

https://myojudoshop.com/

尼さん漢方医
——心と身体のお話

2023年2月28日発行　著　者　春山雅諒
発行者　向田翔一

発行所　株式会社22世紀アート
〒103-0007
東京都中央区日本橋浜町3-23-1-5F
電話　03-5941-9774
Email: info@22art.net　ホームページ：www.22art.net

発売元　株式会社日興企画
〒104-0032
東京都中央区八丁堀4-11-10 第2SSビル 6F
電話　03-6262-8127
Email: support@nikko-kikaku.com
ホームページ：https://nikko-kikaku.com/

印刷
製本　株式会社PUBFUN

ISBN：978-4-88877-170-2